27.
n 14962.

DEUX LETTRES

INÉDITES

DE JEAN MUNIER

AVEC

UNE INTRODUCTION ET DES NOTES.

Extrait des Annales de la Société Éduenne.

AUTUN,

IMPRIMERIE DE MICHEL DEJUSSIEU.

DEUX LETTRES INÉDITES

DE

JEAN MUNIER

AVEC UNE INTRODUCTION ET DES NOTES.

En parcourant les manuscrits d'André Duchesne conservés à la Bibliothèque Impériale, nous avons eu la bonne fortune de trouver dans le volume 68-69 de cette collection deux lettres inédites de Jean Munier, le savant auteur des *Mémoires servans à l'histoire de l'ancienne ville et cité d'Autun*. Ces deux lettres adressées à l'illustre historiographe nous ont paru offrir assez d'intérêt pour être mises au jour, et nous fourniront l'occasion de rappeler les points principaux de la vie de Jean Munier et de dire quelques mots sur ses ouvrages.

Jean Munier naquit à Autun le 11 août 1557 de Nicolas Munier, avocat du roi aux bailliages d'Autun et de Montcenis, et de Marthe Moitton, sa femme. Destiné par son père à lui succéder dans sa charge (1), il étudia le droit sous le célèbre jurisconsulte Hotman (2), et se fixa à Autun où il épousa, le 28 février 1588, Anne Berthault, fille de Claude Berthault, vierg d'Autun, seigneur de la Vesvre et de Beaudésir, et de damoiselle Charlotte de Bessey.

Fidèle au roi durant les guerres de la Ligue, il fut contraint de quitter la ville et de céder à l'autorité du gouverneur. Mais les disgrâces et les persécutions dont il fut accablé ne purent ébranler sa constance. Réintégré enfin dans la possession de ses biens et de sa maison, que son absence avait laissés exposés à la fureur des gens de guerre, il y vécut en grande réputation de probité et de savoir jusqu'à l'année 1637, où il mourut, âgé de quatre-vingts ans (3), « avec un sensible regret, non-seulement de ses proches, mais encore de tous les plus considérables de la ville, qui avaient une parfaite connaissance de son mérite et de sa vertu. » (4)

---

(1) Il en fut pourvu le 9 juin 1584.
(2) François Hotman ou Hottoman, né à Paris en 1524, professa le droit à Strasbourg, Valence et Bourges. Retiré en Suisse après la Saint-Barthélemy, il mourut à Bâle en 1590.
(3) C'est à tort que Moréri et le P. Lelong font mourir Munier, le premier, en 1635 ; le second, en 1630 ou 1635, comme on peut le voir en deux endroits différents de sa *Bibliothèque*.
(4) Thiroux, *Préface des OEuvres de Munier*, p. XVI.

Son corps fut inhumé en l'église paroissiale Saint-Quentin de la ville d'Autun, où il reposa jusqu'à ce que la Révolution vint briser la tombe qui le renfermait, et jeter au vent avec tant d'autres nobles restes ses cendres profanées.

Munier, au dire de Thiroux, était savant jurisconsulte, grand orateur et bon historien. Nous ne pouvons le juger qu'à ce dernier point de vue, et, à ce titre, il mérite tous nos égards. L'un des premiers, avec André Duchesne, il étudia nos vieilles chartes et en fit la base de ses travaux historiques. Avide de la vérité, il la regarda toujours comme le « principal objet de tous ceux qui se mêlent d'écrire avec fidélité et comme l'ame de l'histoire. » (1)

Le premier ouvrage qui sortit de sa plume fut l'*Histoire des comtes d'Autun*, travail consciencieux et remarquable, enrichi de nombreuses pièces justificatives que nous voyons toujours cité avec honneur dans l'histoire de la maison de Vergy. Ce fut vers 1624 qu'il en envoya le manuscrit à André Duchesne; il était du reste terminé dès l'an 1620.

Les Eloges des hommes illustres d'Autun publiés

---

(1) *Hist. des comtes d'Autun*, p. 24.

à la suite de l'*Histoire des comtes*, sont tous de Munier, excepté celui du président Jeannin qu'écrivit Thiroux. Ce fut aussi ce dernier qui acheva le *Traité de la République des anciens Autunois* laissé à l'état d'ébauche (1), et publia ces travaux en 1659 à Dijon, chez Philibert Chavance, avec ce titre : *Recherches et Mémoires servans à l'histoire de l'ancienne ville et cité d'Autun, par feu M. Jean Munier, conseiller et advocat du roy au bailliage d'Autun, reveus et donnez au public par M. Claude Thiroux, conseiller du roy, vierg de ladite ville et cité d'Autun, et esleu des Estats de Bourgogne ;* in-4°, orné d'une carte et d'une planche d'armoiries. Ce livre est dédié à Son Altesse Sérénissime Monseigneur le prince de Condé, gouverneur de Bourgogne.

Apprécié dès son apparition, cet ouvrage se trouve cité par les principaux bibliographes du temps. (2)

---

(1) Le P. Menestrier dans ses *Divers caractères des ouvrages historiques*, p. 25, et le théologal Germain dans son *Discours sur les historiens d'Autun*, reprochent à Munier de s'être appuyé sur les témoignages de Bérose et de Jean le Maire ; mais ce reproche devrait plutôt porter sur Thiroux qui, il le dit lui-même, a refait tout le *Traité de la République des anciens Autunois*, laissé par Munier à l'état de projet ou d'ébauche.

(2) Teissier, *Catalogus auctorum qui librorum catalogos, indices, bibliothecas virorum litteratorum, elogia, vitas aut orationes funebres scriptis consignarunt*. Genève, 1686, in-4°, p. 193.

Aujourd'hui encore, son mérite et sa rareté le font rechercher avidement par tous ceux qu'intéresse l'histoire de notre pays.

Le P. Lelong (1) et Papillon (2) ont parlé tous les deux d'un manuscrit *original* de Munier, qui, de leur temps, faisait partie de la bibliothèque de M. de La Mare. Ce manuscrit a passé après la mort de son possesseur à la bibliothèque du roi, où il est encore conservé dans le fonds La Mare, sous le n° 9484. Il est in-folio et contient seulement l'histoire des comtes d'Autun. Tout bien examiné, il nous est impossible de partager l'avis des deux savants bibliographes et d'admettre que ce manuscrit soit original. Son écriture diffère beaucoup de celle des lettres de Munier, et nous n'y trouvons aucune signature; enfin, dans l'un des quatrains, on remarque une faute de prosodie que l'auteur n'eût certainement pas faite s'il eût écrit ses vers lui-même. Nous le croirions volontiers un peu postérieur à l'époque où vivait Mu-

---

Hallervordius, *Bibliotheca curiosa*, Kœnigsberg et Francfort, 1676, petit in-4°, p. 192.

Kœnig, *Bibliotheca vetus et nova*. Altdorf, 1678, gros in-folio, p. 560.

Labbe, *Bibliotheca bibliothecarum*. Parisiis. Lud. Billaine, 1664, in-8°, p. 98 et 360.

(1). Bibl. des historiens de la France.
(2). Bibl. des auteurs de Bourgogne, t. II, p. 103 et 104, art. Munier.

nier. Mais, pour n'être pas autographe, il n'est point toutefois dépourvu d'intérêt. Il nous montre d'abord le style de l'historien dans sa physionomie primitive et non encore altéré par les nombreuses retouches de Thiroux. Ensuite il nous fait connaître des vers de Munier bannis avec raison de l'édition imprimée de ses œuvres, mais que nous citerons ici dans le seul but de prouver qu'il n'était pas *très sçavant en poésie*, comme l'a dit son gendre. Du reste sa réputation d'historien consciencieux et disert lui suffit, et nous ne l'en regarderons pas moins comme une des plus belles gloires scientifiques qu'ait produites notre pays.

En tête du manuscrit, nous lisons cette adresse : *Au mesme seigneur.* Il s'agit de Jeannin. (1)

Puis viennent ces vers :

> Si vous ne conduisez cest illustre troupeau
> Des vieux comtes d'Autun, qu'au fil de la prudence
> Revoit une autre fois le céleste flambeau,
> Il croupira toujours au tombeau d'oubliance.

Au commencement de la vie de Richard qui se trouve *p.* 69 de l'imprimé, on lit :

> Sy ce brave Richard, premier duc de Bourgongne
> Eus eu dedans le cœur autant d'ambition
> Qu'il avoit de valeur et de discrettion,
> Il eus mis sur son chef la françoise couronne.

---

(1) Munier voulait dédier au président Jeannin son Histoire des comtes d'Autun.

Après les mots : « Vernaire, comte de Sens, » qui sont *p*. 86 de l'imprimé :

> Sens et Sainct Florentin, Chartres et Argenteuil
> Tesmoignèrent tous jours de ma brave vaillance,
> Car là mon bras guerrier envoya au cercueil
> Mil et mil[le] de ceux qui affligeoient la France.

Au commencement de la vie de Rodolphe (v. *p*. 94 de l'impr.)

> Rodolphe, un petit vent de l'aveugle fortune
> T'avoit favorisé en la fleur de tes ans.
> Mais il te cousta cher, car depuis l'importune
> Ne cessa te donner travail, soucy, tourment.

Au commencement de la vie de Hugues le Noir (*p*. 122 id.)

> Hugues par le deceds de Rodolphe son frère
> Ayant perdu en cour la grâce et la faveur
> Qu'il y souloit avoir, fit voir qu'un gentil cœur
> S'accomode à tout temps, heureux, fascheux, prospère.

Au commencement de la vie de Gilbert *p*. 152 id.)

> Gilbert, nous n'avons de vous aucune mémoire
> Sinon qu'il fut issu de parents vertueux.
> Mais c'est peu d'estre issu d'un tige généreux
> Si en nos propres faits nous ne cherchons leur gloire.

Il est inutile de démontrer la pauvreté et la puérilité de ces rimes. Hâtons-nous de voir Munier sous un meilleur jour, et venons aux lettres dont il a été parlé. Elles sont toutes deux adressées à André Duchesne qui, terminant alors son histoire de la maison de Vergy, mettait une dernière fois à contribution les lumières et l'expérience de notre savant historien.

PREMIÈRE LETTRE.

« A Monsieur,
Monsieur Du Chesne, historiographe du Roy, à Paris. »

« Monsieur, je vous prie de croyre que si j'a-
» vois moien de satisfayre de point en point à ce
» que vous desirés de moy, je le feroy de très bon
» cœur, mais difficillement le pourrai-je, et avec
» telles circonstances qu'il seroit de besoing, pour-
» tant je ne lesseray de m'essaier *cum bona tua*
» *venia*, et si je ne vous donne contentement, as-
» surés-vous que ce ne sera faulte de bonne vo-
» lonté, mais manquement de capacité et de né-
» cessaires instrumentz pour m'instruire moy-
» mesme seur les pointz que vous me proposés en
» celle quil vous a pleu m'escrire. Doncques pour
» respondre par ordre à icelle, je vous diray au
» premier chef que je n'ay leu ni veu aulcun til-
» tre ou pancharte qui m'aye enseigné en termes
» exprès que Heriveus archevesque de Rheims ayt
» esté frère du comte Manassès le Vieil et de Walo
» evesque d'Autun; mais que j'en ay tiré une
» consequance seur des considerations qui ne se

» trouveront impertinentes ; l'une de ce qu'il a
» esté contemporain et familier aux comtes Richard
» et Manassès, et encores à l'evesque Valon, l'aul-
» tre qu'il leur a faictz de bons offices, mesme-
» ment un très remarquable, mais peu honorable
» pour luy qu'il n'aye esté contemporain. Il apert
» par deux panchartes que j'ay en main toutes
» deux soubsignées de Charles le Simple et de
» luy archevesque de Rheims, l'une faicte au pro-
» fit de Walo, auquel le roy confirme l'acquisi-
» tion du Chasteau qui estoit au costé d'Autun (*a
» latere Hedua*, dit le texte (1), faicte par Adal-
» garius son prédécesseur, et d'abondant luy faict
» rendre et restituer le droict de battre monoie,
» que les prédécesseurs comtes avoit ostés au Cha-
» pitre et chanoines de l'eglise Sainct Nazaire
» d'Autun, ce qu'il fit à la prière du marquis et
» comte Richard présent « *Data pridie Kal. Julii,*
» *indictione III, anno octavo et redeintegrante III,*
» *regnante Karolo, gloriosissimo rege* (2). » L'aul-
» tre est une donation faicte par le mesme roy au
» profit de Hugues le Noir filz puisné de Richard,

---

(1) « Castrum quod est situm in latere Eduæ civitatis. » (*Gallia Christiana*, t. IV; *Instrumenta Ecclesiœ Eduensis*, col. 66.)

(2) *Gall. Christ.*, t. IV; *Instrum. Eccl. Eduens.*, col. 66 et 67. — La présence du comte Richard n'est pas indiquée, et la date non plus.

» du village de Poligni situé en son comté de
» Warasco « *in suo videlicet comitatu* » avec tou-
» tes ses aysances et dépendences. Ceste charte
» aussi soubsignée par Charles et extraite par Go-
» din notaire sur l'original de l'archevesque Heri-
» ves (1). « *Godinus notarius ad vicem Hervei ar-*
» *chiepiscopi recognovit. Datum XI° Julii, indic-*
» *tione II, anno XXII° ; regnante Karolo gloriosis-*
» *simo rege, redeintegrante XVI°, largiore vero*
» *hereditate indepta III°.* » Voilà deux certains
» tesmoignages du temps de sa prélature, cepen-
» dant que Richard le Justicier, comte d'Autun et
» premier duc de Bourgongne vivoit encores ; mais
» en voicy un aussi assuré du jour de son décès
» mémorié par un autheur sans reproche, son
» contemporain et son juridic ; c'est Frodoard qui
» a escript les chronicques de quatre roys, de
» Charles le Simple, Rodolphe fils de Richard,
» Loys d'Oultremer et Lothaire, lequel récite un
» acte remarquable qui donna fin à sa vie, c'est
» qu'il dict qu'après avoir promené par toutes les
» places de son diocèse le pauvre roy Charles, son
» souverain et son roy légitime qui avoit esté
» abandonné par tous les seigneurs de sa cour, à
» cause qu'il ne voulut quitter un sien favori,
» Agano, homme de néant, qu'il avoit eslevé aux

---

(1) V. Munier, *Histoire des comtes d'Autun*, p. 151.

» plus grands honneurs et charges importantes de
» son royaulme, en fin luy tourna le dos pour
» suivre le parti de Robert frère de Eudes qui avoit
» esté tuteur de Charles et en ceste qualité admi-
» nistré sous le tiltre de roy le royaulme de France
» quelques années, mais que Dieu punissant ceste
» ingratitude, permit que cest archevesque mou-
» rut soudainement trois jours après qu'il eut sa-
» cré et oinct Robert à roy de France dedans
» l'eglise Sainct Remi de Rheims, le sixiesme des
» nones de Juillet (1) neuf cent vingt-deux, la
» vingt-deuxiesme année de sa prélature, et un
» an justement après la mort de Richard que l'au-
» theur qualifie seulement marquis de Bourgon-
» gne. Qui doubte que cest acte, en vérité peu
» honorable pour l'entremetteur, n'aye esté faict
» en faveur et pour gratifier ceux de la famile du
» dit Richard, nommément Rodolphe qui avoit
» espousé Imma, selon nos panchartes, fille de
» Robert, en considération de l'aliance et du lien
» indissoluble d'amitié qui estoit entre les enffans
» de ces deux maisons d'Autun et de Vergi. Ce
» sont là les raisons seur lesquelles j'ay fondé ma
» conséquence; je ne scay si vous les trouverés
» concluantes. Quant est de Manassès, duquel
» vous desirés scavoir la source et l'origine, je ne

(1) 2 juillet 922.

» vous en puis rendre compte parce que nos pan-
» chartes ne parlent que de luy et de ses quatre
» filz, selon la charte que j'ay inscripte au der-
» rier de la vie de Gilbert (1) où vous pouvés veoir
» comment la comté d'Autun est sortie de ceste
» maison, par aliance, comme toutes les aultres
» qui sont réunies à la couronne. Car Gilbert du-
» rant la vie de Hugues le Noir qui fut duc de
» Bourgongne après Rodolphe, ainsi que l'a re-
» marqué Floard (2) en ses annales, ne se qualifia
» que comte d'Autun tant qu'il vesquit, ce qui se
» congnoist par nos panchartes mesme ; mais
» après son décès il prent la qualité de duc,
» comme il se lit au Ve livre d'Aymonius mona-
» chus (3), chap. XLIII. Il eut de son espouse,
» deux filles, une nommé Vère, marié à Robert
» filz de Hébert comte de Vermendois, et Leude-
» garde espouse de Othon, frère de Hugue Capet,
» auquel Othon, Gilbert mourant sens aultres enf-
» fans, lessa le duché de Bourgongne, et Othon
» pareillement décédé sens hoirs de son corps, le
» transmit à Henry son frère, et depuis, demeura

(1) *P*. 158.
(2) Syncope du nom de Flodoard ou Frodoard, dont il a été parlé plus haut. On l'écrit aussi Flohard. Sigebert et Trithème le nomment Flauvald et Flavald.
(3) Bénédictin de Fleury-sur-Loire, né à Villefranche en Périgord, mort en 1008, composa une *Histoire des Français* qui va jusqu'à la 16e année de Clovis II.

» tousjours en la famille des Capetz. Au demeu-
» rant il ne fault pas penser qu'il y aie heu un
» aultre Gilbert comte d'Autun que celuy-là mes-
» me, et ne se fault fonder sur ce que vous escri-
» vés qu'il y en heut un aultre qui estoit aussi
» comte de Beaulne et de Chalon, parce qu'il est
» certain qu'il y avoit aultrefois des comtes pro-
» vinciaux qui prenoit le nom de leur qualité ou
» office, de la ville capitale où ilz faysoient rési-
» dence, et d'aultres comtes inférieurs des villes
» et lieux fors, ce qui se peut congnoistre en plu-
» sieurs passages tirés de l'histoire de Grégoire de
» Tours, que je passeroy pour éviter prolixité ;
» seulement je vous raporteroy un fort propre,
» parce qu'il s'acommode aux personnes que nous
» tenons seur les rangs, c'est de Odorannus (1)
» qui dict en ses mémoires que Richard, comte
» d'Autun, mist à raison Varnaire ou Garnier,
» comte de Sens, qu'il ne l'avoit point voulu re-
» congnoistre. J'ay aussi une pancharte par la-
» quelle il conste que le mesme Richard fit ren-
» dre au comte Manassès le Vieil, quoy qu'il luy
» fut bon ami et alié, le vilage de Tilenet, sis seur
» la rivière d'Osche, qu'il retenoit au Chapitre et

(1) Odoran, moine de l'abbaye de Saint-Pierre-le-Vif de Sens, vivait au XIe siècle. Pithou, en ses *Annales de France*, a rapporté un fragment de sa chronique. *(Chronica rerum in orbe gestarum.)*

» chanoines de l'église Sainct Nazaire d'Autun (1),
» de quoy l'évesque Walo le remercie grandement,
» par ce, dict-il, que par ce moien l'ame de son
» frère en demeure deschargée; puis on scayt
» bien que tous les enffans de ce duc Richard ont
» possédés en propre tout ce qui est entre la
» Meuse, la Saoone et la Seine, ou une bonne
» partie, ce qui se recongnoist dedans le susdit
» autheur quant il parle de la résidence de Hu-
» gues le Noir et de Boson, le IIIe filz de Richart.
» Quant à la contrariété que vous trouvés au nom
» de la femme que le comte Gilbert avoit espousé,
» par le texte duquel avés extrait, et par celuy de
» la pancharte que vous m'avés envoié, il se pour-
» roit bien fayre que je me seroy equivocqué à ce
» nom de Guitbaldus qui est mentionné en iceluy
» extrait, et pour m'en oster le doubte, je vous
» prie de m'en mender votre advis à la première
» commodité et vous m'obligerés; auquel effect
» je veux icy insérer l'endroit de la chronicque de
» sainct Bénigne dont j'ai heu quelque temps la
» copie. « *Dedit Milo in Saviniaco sexaginta*
» *terræ jugera et sylvam ubi possunt saginari porci*
» *quadraginta; tantumdem dedit post eum Gisle-*
» *bertus tempore Isaac episcopi, scilicet terræ ara-*

---

(1) Charte citée dans les preuves du livre I de l'*Histoire de la maison de Vergy*, par André Duchesne, p. 24.

» *bilis jugera sexaginta et ad porcos quadraginta*
» *saginandos sylvam cum capella sancti Gervasi no-*
» *mine dicatam. Sed et Atgla comitissa, pro requie*
» *animæ viri sui Milonis comitis dedit sancto Be-*
» *nigno in Duniso villa, mansum indominicatum*
» *cum casalibus super instructis et aliis terris ad*
» *ipsum inspicientibus. Actum Dominica Incarna-*
» *tionis nongentesimo quadragesimo secundo regni*
» *Ludovici anno IIII°. Laudatores fuerunt Gilbar-*
» *dus comes et Retrudis uxor ejus, et filia ipsius*
» *Atgle* (1). » Voilà comme j'ay retenu le texte. Si
» vous en avés quelque extrait, je vous supplie de
» la quarrer et confronter pour lever mon doubte
» par les preuves desquelles vous m'honorerés,
» s'il vous plect, quant vous aurés le loysir, ce
» qu'atendent, je vous bayse les mains et veulx
» demeurer,

» Monsieur,

» Votre très serviable et obéissant

» MUNIER. »

---

(1) Voici le texte de la *Chronique de saint Bénigne*, tel qu'il se lit dans le *Spicilège* de D. Luc d'Achery, édition in-4°, 1655, tom. Ier, p. 423 :

« Dedit Milo in Saviniaco, de terra jornales sexaginta et sylvam ubi possunt saginari porci quadraginta. Tantumdem dedit pater ejus Gislebertus tempore Isaac episcopi, scilicet terræ arabilis jornales sexaginta, et ad porcos quadraginta saginandos sylvam, cum capella sancti Gervasii nomine dicatam. Sed, et Atila comitissa pro requie animæ viri sui Milonis comitis, dedit sancto Benigno in Duniso villa, mansum

« De votre (1) maison à Autun, ce 8ᵉ du mois
» de novembre 1624. Avec votre permission, je
» salue de tout mon cœur Monsieur le docteur
» Savot. (2)

» Monsieur, ainsi que je fermoy ceste lettre, il
» m'est tombé entre les mains un instrument qui
» contient la donation que faict un evesque de
» Paris, Anzelmus ou Anzelinus, soy disant pa-
» tron héréditaire et seigneur de Vergi, de l'église
» Sainct Denys avec toutes ses dépendences et apar-
» tenances (3) au doien et chapitre d'Autun avec
» expresse déclaration qu'il ne veult et entend que
» l'évesque d'Autun y préne authorité, ains seu-
» lement les doyen et chanoines qui en pourront

indominicatum cum casalibus super extructis et aliis terris ad ipsum aspicientibus. Actum Dominicæ Incarnationis anno DCCCCII ; Caroli regis anno quarto. Laudatores fuerunt Girbardus comes et Reintrudis uxor ejus, filia ipsius Atilæ. »

(1) Nous ne savons comment expliquer ce mot. Du Chesne avait-il une maison à Autun? C'est très peu probable. Est-ce une simple formule de politesse à l'espagnole? Nous voulons le croire.

(2) Louis Savot, médecin et numismatiste, né vers 1579 à Saulieu dans le diocèse d'Autun, et mort à Paris vers 1640, publia différents ouvrages sur la médecine, l'architecture et la numismatique.

(3) « Decanus autem prælationis officium, præbendas que Vergiacensium fratrum det, vel sicut usus imo abusus est, vendat, precium que in fratrum Eduensium usum sicut eis complacitum fuerit, convertat. » (Charte tirée du Cartulaire de l'église Saint-Nazaire d'Autun (1032) insérée dans les preuves du livre II de l'*Hist. de la maison de Vergy*, p. 66 et 67.)

» user comme bon leur semblera, voire le vendre
» s'ilz veulent comme *abusus est non usus*. Ce sont
» les mots. Le temps m'a télement pressé que je
» n'ay peu vous en envoier un extrait ; mais ce
» sera pour la première occasion. Dieu le veuille. »

DEUXIÈME LETTRE.

A Monsieur,
Monsieur Du Chesne, historiographe du Roy,
au logis de monsieur Cramoisi (1), libraire,
demeurant en la rue Sainct-Jacques, aux
Cigoignes, à Paris.

« Monsieur, j'ay receu vos dernières le vingt-
» deuxiesme du mois de descembre par lesquelles
» vous me faictes mile fois plus d'honneur qu'il
» ne m'apartient pour peu de chose ; mais cela
» vient de votre prudence à couvrir dextrement
» la deffectuosité de vos amis et serviteurs. Toute-
» fois quelque ce soie, je demeureray toute ma
» vie votre bien humble. Je ne souhaiteroy seule-
» ment pour mon contentement, sinon que *terri-*
» *toria et mœnia essent tam vicina quam volontates,*

---

(1) C'est chez Sébastien Cramoisy, à l'enseigne des Deux Cigognes qu'a été imprimée cette même année-là l'*Histoire de la maison de Vergy*.

» *tum fœlicissimum mediocritatis meæ statum pro-*
» *nuntiarem* (1) comme dict le docte Sidonius en
» une epistre qu'il a escript à un certain évesque
» d'Autun, car il ne se pourroit fayre que quelque
» rosée de votre vertu ne distilat seur moy; mais
» cela n'estant vous recevrés de bonne part ce que
» je puis, et pour respondre aux votres, je vous
» diray qu'il n'est possible de mieux conjecturer
» que ce que vous m'avés escript du comte Ma-
» nassès, qu'il avoit esté seulement comte en la
» duché, non point de *toto territorio,* car c'est la
» mesme opinion des plus sensés, mesmement de
» Gollut (2), qui a escript les Mémoires histori-
» ques si amples des Séquanois, auquel œuvre,
» livre IIIIe, chap. xxe, il dict bien qu'il a fondé
» les prieurés de Sainct Vivant en Amour, proche
» de Dole, et Sainct Vivant soubz Vergy d'où il
» estoit seigneur, mais qu'il tenoit de très grandes
» seigneuries au duché, par le moien desquelles
» Gislebert son fils s'estoit titulé duc de Bourgon-

(1) Voici le texte exact du passage de cette lettre de Sidoine à Euphrone, évêque d'Autun : « Quandoquidem me clericalis officii vincula ligant, felicissimum mediocritatis meæ statum pronuntiarem, si nobis haberentur quam territoria vicina tam mœnia. » (Lettre VIII, liv. VII. Edition Grégoire et Collombet. Lyon, Rusand, 1836, tom. II, p. 188.)

(2) Louis Gollut, né à Pesmes en 1535, mourut en 1595. Il publia à Dôle, in-folio, 1592, les « *Mémoires historiques de la République séquanaise et des princes de la Franche-Comté de Bourgogne.* »

» gne; mais il s'abuse en ce dernier article, car
» c'estoit à raison de l'aliance qu'il avoit en la
» maison et famile de Richard, qui avoit esté non
» seulement comte d'Autun, mais aussi comte
» provincial de Bourgongne, de laquelle il se fit
» propriétaire du temps de Charles Simple, et la
» lessa paisible à ses trois filz qui la partagèrent
» ensemble, ainsi que j'ay écri et vérifié au trecté
» que j'ay faict pour ledit Richard, et en celuy de
» Rodolphe son aysné, de sorte qu'il ne fault pas
» se persuader qu'il y aie heu d'aultres comtes et
» ducs supérieurs en la duché de Bourgongne que
» ceux là de leur vivant. Aussi l'historien séqua-
» nois n'en recongnoit point d'aultre et confesse
» mesmement qu'ilz ont tenus quelques héritages
» au comté entre la Saône et le Doubs, ce que je
» n'ay pas obmis en escrivant de ce partage qui
» faict veoir les grands et plentureux estas que
» Richard s'estoit acquis, bornés de la Saône, de
» la Moselle et de la Seine. C'est pourquoy vous
» debvés croyre que durant la vie de Richard ou
» de ses enffans il ni a heu aultre comte provin-
» cial à Autun ou duc de Bourgongne qu'eux,
» lesquelz estoient trop puissans pour en souffrir.
» Et pour vous confirmer en ceste créance, je
» vous envoye un vray texte que j'ay retiray des
» archives du prioré Sainct Symphorien d'Autun,
» d'une petite pancharte en laquelle vous pren-

» drés plaisir comme j'espère, car vous y remar-
» querés s'il vous plect que Hugues apelle Gisle-
» bert, Albéric, Robert, Léotalde et aultres y dé-
» nommés, qui portoient tous la qualité de com-
» tes ou de viscomtes, ses fidelles, laquelle carthe
» est dattée de la 1re année du règne de Loys
» d'Oultremer, qui faict présuposer que Hugues
» assembloit à Autun ou alentour ses gens de
» guerre, pour aller secourir sa bonne ville de
» Langres, laquelle ce roy Loys avoit assiégée
» pour la résigner entre les mains de Hugues le
» Grand auquel il l'avoit donnée, ensemble une
» partie de la Bourgongne, au grand préjudice de
» Hugues; elle vous fera pareillement veoir avec
» la précédente que Gilbert c'est toujours soub-
» signé immédiatement après la duchesse Adhalet
» ou Adeleide, femme de Richard, et après ses
» enffans, comme il est encores en deux aultres
» instrumentz que j'ay inséré au trecté de Rodol-
» phe, de sorte qu'il fault croyre que tout son
» lustre et advancement ne vient que d'elle et que
» jamais son père ne fut comte d'Autun, car Ri-
» chard ne l'eut pas souffert, mais comte en
» Bourgongne, qualité que les gentilshommes et
» seigneurs opulens prenoient d'eux mesmes,
» quant ilz avoient moiens de paroistre, ainsi
» comme on faict encores pour le jourdhuy. Je
» suis bien marri qu'il ni a moien de congnoistre

» mieux le nom de la femme de Gilbert que ce
» que j'en ay conjecturé, non pas affirmé. Quant
» à Humbert l'archidiacre duquel vous m'escrivés,
» j'en treuve bien un du nom et de la dignité
» dans mes chartes, mais il est postérieur de
» temps, car il est de l'an 1128, Etienne premier
» estant evesque d'Autun, et derechef un aultre
» ainsi nommé, qui fut evesque l'an de salut mil
» cent quarente ...., lequel feut Monsieur de Cor-
» rabœuf, qui a composé un abrégé des prélatz de
» ce diocèse, dict estre issu *ex prosapia regum*, mais
» il n'en dict pas davantage. Je vous prie de pren-
» dre garde qu'il n'y aye équivocqué en la datte
» de votre tiltre, et me mendés, s'il vous plect,
» quel evesque il cotte de son temps. La distance
» d'Autun à Vergy est de douze lieux bourgui-
» gnonnes et celle dudict Vergy à Flavigni est
» bien d'autant assurément. C'est en somme tout
» ce peu de résolution que je vous peus donner :
» *tu aequi boni que consulas rogo.*

» Mais pour ce qui me touche, je vous veulx
» supplier d'advertir Monseigneur le comte de
» Chamnite du debvoir que je faictz de luy obéir
» et de satisfayre à ses dernières lettres, car telles
» recommandations ne sont inutiles envers les
» grandz, *principibus placuisse viris non ultima*
» *laus est*. L'aultre requeste que j'ay à vous fayre
» c'est de vous informer de quelques doctes de la

» Comté que vous congnoistrés, où pouvoit estre
» anciennement le comté de Warasco (1) duquel
» est fait mention en la charte que je vous en-
» voie, qui concerne la donation faicte par Charles
» le Simple à Hugues du village de Poligny en
» Arbois, et de ses apartenances, car je vous pro-
» metz que quelque diligence que j'aye faict pour
» en aprendre quelque chose, je n'en ay rien peu
» descouvrir davantage ; faisan allusion à la ren-
» contre des lettres, je me persuadoy que c'estoit
» le comté de Varax ou de Varambon, mais quel-
» ques-uns d'eux que j'ay consulté m'ont escript
» que ces comtés là n'estoit proche du territoire
» de Poligni. Voilà que c'est que des nuages de
» l'antiquité. Vous excuserés, s'il vous plect, la
» plume mal taillée, la mauvaise ancre et le canif
» peu trenchant des mauvais écrivains ; toutefois,
» je vous assure qu'il ni a point heu de faulte en
» l'orthographe du contenu aux chartes, et qu'il a
» esté imité entièrement, mesmement aux abré-
» viations qui n'ont nullement esté altérées, mais
» imitées autant qu'il a esté possible. Si en quel-
» que autre chose vous me jugés capable de vous
» rendre bon service, commendés moy et vous

(1) Il s'étendait depuis Besançon jusqu'au mont Jura dans sa largeur, et sa longueur, de Porentruy aux confins des bailliages d'Ornans et de Pontarlier.

» congnoistrés que je veulx demeurer perpétuel-
» lement,

» Monsieur,
» Vôtre très humble et obéissant serviteur,

» MUNIER.

» De votre maison à Autun ce 21ᵉ du mois de
» janvier 1625.
» Avec votre permission, je baiseray les mains
» à Monsieur le docteur Savot auquel je désire
» toutes choses prospères. »

Nous terminerons en rapportant une pièce de vers latins que le vieux Jacques Guijon, compatriote de Munier, et comme lui victime des fureurs de la Ligue, lui adressa après la lecture de son travail sur les comtes d'Autun. Cette pièce que M. de la Mare nous a conservée dans ses *Guiioniorum opera varia* (1), se recommande, malgré les puérils jeux de mots que l'auteur y fait sur le nom de Munier, par sa tournure classique et sa bonne latinité. La voici :

---

(1) *Jacobi, Joannis, Andreæ et Hugonis fratrum Guiioniorum opera varia.* Divione apud Ph. Chavance. M. DC. LVIII. in-4°, *p.* 263.

In Æduorum comitum Historiam a Joanne Munerio in Æduensi præfectura consiliario et advocato regio scriptam et Petro Janino præsidi dicatam, cum se jam ad discessum accingeret.

Herodotum comites duxere per avia rerum
Tempora priscarum Musæ, quibus illæ labores
Inscripsit, vovitque suos, numerumque librorum
Ter tribus aequavit lingua teres Hellade Musis.
Te vero qui nomen habes a munere ductum
Regiaque orandis exerces munia causis,
Quæ te Musa rapit blandi comes una laboris
Per loca senta situ, ac salebras, tenebrasque vetustæ
Gentis, et historiam multa caligine mersam,
Fallor, an hæc decima est, pulchro quæ Musa libello
Hactenus ignotos nobis Comitesque, Ducesque,
Multaque Burgundis annalibus eruta prodit,
Quæ nulli tetigere prius, lucique dedere,
Illa quidem nostræ veteres auctura triumphos
Urbis, et antiquas instauratura ruinas,
Si fas est ita pone loqui, sed vindicis atque
Assertoris egent, qualem sibi limine primo
Munerius providit, habent sua fata libelli,
Limina Janus amat, custos in limine Janus
Hic sedet et nostros Comitesque, Ducesque tuetur,
Illustratque etiam illustres illustrior ipse,
Ejus et adjecto de nomine nomen adeptos,
Seque adeo crevisse putent, tantum instar in illo est,
Et tantum patriæ, tantum urbis et incrementum
Quo frontem attollit, quo sese jactat alumno,
Nostraque Burgundas inter caput erigit urbes.
O salve magnum columenque, decusque tuorum,
Et quando properas, ne publica vota morare,
Sed rediturus abi, majorque revertere semper.

H. DE FONTENAY.

www.ingramcontent.com/pod-product-compliance
Lightning Source LLC
Chambersburg PA
CBHW060916050426
42453CB00010B/1754